Muss der Löwe zum Friseur?

So sehen Tiere aus

VERGLEICHE
DIE TIERE MIT DIR

KOSMOS

Mit deinen beiden Augen kannst du Dinge um dich herum und in der Ferne erkennen. Du siehst die Welt in vielen Farben. Im Dunkeln kannst du nicht so gut sehen. Dann schaltest du das Licht an. Das nennt man künstliches Licht. Einige Menschen haben eine Brille, damit sie besser sehen können. Es gibt auch Menschen, die blind sind. Was und wie können Tiere mit ihren Augen sehen?

Augen

Brillenpinguin

Trägt der Brillenpinguin eine Brille? Nein. Seinen Namen hat er bekommen, weil sich um seine Augen rosa Flecken befinden, die an eine Brille erinnern. Er bräuchte aber auch gar keine Brille, denn selbst unter Wasser kann er besser sehen als du!

Katze

Die Katze schläft meist tagsüber und ist nachts unterwegs. Ihre Augen können auch in der Dunkelheit gut sehen. Bei wenig Licht vergrößern sich die Pupillen, die sich in der Mitte des Auges befinden. Bei viel Licht werden die Augen der Katze zu kleinen Schlitzen. So wird die Katze nicht geblendet.

Strandkrabbe

Die Augen der Strandkrabbe sitzen vorne auf Stielen. Mit ihren Stielaugen kann sie in verschiedene Richtungen gleichzeitig sehen. Wenn die Krabbe auf Beutejagd geht, gräbt sie sich ein und lässt nur noch ihre Stielaugen herausschauen. Bei Gefahr kann sie diese auch einziehen.

Biene

Die Biene hat sogar fünf Augen. Mit den drei kleinen Augen vorne am Kopf kann die Biene hell und dunkel unterscheiden. Die beiden größeren Augen bestehen aus tausenden Einzelaugen. Mit ihnen kann die Biene Farben sehen und unterscheiden und die bunten Blüten gut erkennen, aus denen sie Nektar sammelt.

Maulwurf

Hast du schon mal gehört, dass Maulwürfe blind sind? Das stimmt nicht! Versteckt unter ihrem Fell, besitzt der Maulwurf winzige Augen, allerdings kann er mit diesen nicht gut gucken. Er benutzt vor allem seine Nase, seine Ohren und seine Grabekrallen, um sich unter der Erde zurechtzufinden.

Mitten im Gesicht befindet sich deine Nase. Mit deinen beiden Nasenlöchern atmest du die Luft ein, die du zum Leben brauchst. Außerdem kannst du mit deiner Nase riechen und einen frischgebackenen Kuchen von einer verbrannten Speise unterscheiden. Die Nase ist auch für viele Tiere hilfreich, zum Beispiel bei der Futtersuche. Die Riecher der Tiere können ganz unterschiedlich aussehen.

Nase

Wie eine Steckdose sieht die Nase des Schweins aus. Mit seiner kurzen Nase, die auch Rüssel genannt wird, kann das Schwein viel besser riechen als du. Außerdem kann es seine Nase ziemlich gut bewegen und damit die Erde nach Futter umgraben.

Schwein

Nasenaffe

Mit seiner dicken knubbeligen Nase sieht dieser Affe für dich bestimmt ziemlich hässlich aus. Besonders gut riechen kann der Nasenaffe mit seiner riesigen Nase nicht. Aber Männchen mit besonders großen Nasen finden schneller ein Weibchen zur Paarung. Die Nasen der Affenweibchen sind viel kleiner.

Ameisenbär

Die Nase des Ameisenbärs ragt bis auf den Boden. Mit seiner feuchten Nasenspitze schnüffelt er am Boden wie ein Hund und sucht nach Nestern von Ameisen und Termiten. Hat er ein Nest gefunden, steckt er seine dünne, spitze Schnauze hinein, um die Insekten zu verspeisen.

Elefant

Riechen, Tasten, Greifen, Wasser ansaugen und sich verteidigen — das alles kann der Elefant mit seinem Rüssel. Im Wasser benutzt der Elefant seinen Rüssel wie einen Schnorchel. Die lange Nase des Elefanten ist so beweglich, weil sie sehr viele Muskeln besitzt.

Nashorn

Das Nashorn hat seinen Namen bekommen, weil sich auf seinem Riechorgan zwei lange Hörner befinden. Mit diesen starken Hörnern kann sich das Tier zum Beispiel bei Angriffen von Artgenossen, also anderen Nashörnern, wehren.

Links und rechts an deinem Kopf befinden sich zwei Ohren. Mit deinen Ohren kannst du laute und leise Geräusche wahrnehmen und sie warnen dich vor Gefahren, zum Beispiel im Straßenverkehr. Auch die meisten Tiere haben Ohren. Sie helfen ihnen dabei rechtzeitig vor Gefahren oder Feinden zu flüchten.

Ohren

Seehund

Wenn du die Ohren bei einem Seehund suchst, musst du schon ganz genau hinsehen. Am Kopf befinden sich nur zwei kleine Öffnungen. Die Ohren beim Seehund sind deshalb so klein, damit sie beim Schwimmen nicht stören. Hören kann er trotzdem gut. Zum Tauchen kann der See- hund die Ohrlöcher sogar verschließen.

Sein Spitzname ist Langohr. Denn wenn der Feldhase auf einem Acker hockt, ragen meist nur noch seine Ohren oben aus den Pflanzen heraus. Mit seinen langen Ohren, die man auch Löffel nennt, kann er sehr gut hören. Wenn er einen Feind wittert, kann er schnell davonhüpfen.

Feldhase

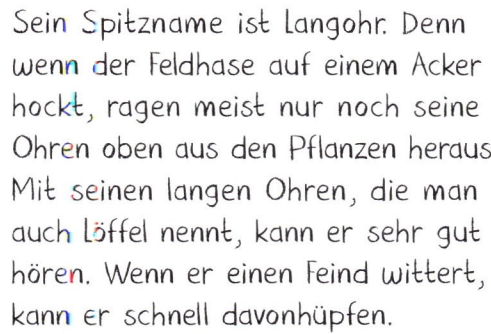

Elefant

Welches Tier hat die größten Ohren? Der afrikanische Elefant. Seine riesigen grauen Ohren können bis zu 2 Meter lang werden und werden nicht nur zum Hören benutzt. Bei Hitze sind sie ziemlich praktisch. Wenn Elefanten ihre Ohrlappen schnell hin- und herbewegen, wedeln sie sich kühle Luft zu.

Bäh — Stell dich doch einmal vor einen Spiegel und sieh dir deine Zunge genau an! Auf der Zunge kannst du viele winzige Buckel erkennen. Mit diesen Hubbeln kannst du schmecken, ob eine Speise süß, sauer, bitter oder salzig schmeckt. Besonders die Zungenspitze ist sehr beweglich. Einige Menschen können ihre Zunge sogar einrollen. Du auch?
Deine Zunge brauchst du zum Schlucken, Saugen, Schlecken und zum Sprechen. Kannst du dir vorstellen eine Zunge zu haben, die länger ist als dein Körper? Bei einigen Tieren ist das so.

Zunge

Frosch

Auch der Frosch benutzt seine Zunge, um Beute zu jagen. Seine Zunge ist klebrig, daher bleiben Fliegen, Mücken und Käfer einfach an dieser haften. Wenn der Frosch seine Zunge nicht braucht, liegt sie zusammengedrückt wie eine Ziehharmonika in seinem Maul. Wenn er sie herausstreckt, kann sie 6-mal so lang werden wie er selbst ist. Unglaublich, oder?

Chamäleon

Wenn das Chamäleon ein Insekt entdeckt, schießt seine lange Zunge blitzschnell heraus. Die Zunge kann sich wie ein Gummiband dehnen und doppelt so lang wie sein eigener Körper werden. Die Zungenspitze saugt sich am Beutetier wie ein Saugnapf fest. Anschließend zieht das Chamäleon die Zunge wieder ein, um den Leckerbissen zu verspeisen.

Schlange

Hast du dir schon mal die Zunge einer Schlange angesehen? Sie ist vorne gespalten. Mit ihrer Zunge kann die Schlange nicht nur schmecken, sondern auch sehr gut riechen. Dazu streckt sie ihre Zunge immer wieder kurz heraus. Wenn ihr ein Feind zu nah kommt, reißt sie ihr Maul auf und macht mit ihrer Zunge zischelnde Geräusche, um ihn zu vertreiben.

Okapi

Okapis sind mit den Giraffen verwandt und besitzen eine Greifzunge. Diese Zunge ist besonders kräftig und hilft dem Okapi dabei, Blätter von Bäumen abzureißen. Die Zunge des Okapis ist so lang, dass es damit sogar seine Augen und Ohren reinigen kann.

Hast du schon mal deine Zähne gezählt? Als Kleinkind hast du 20 Milchzähne. Wenn du älter wirst, fallen die Milchzähne nach und nach aus und werden durch größere Zähne ersetzt. Als Erwachsener besitzt du 32 Zähne. Es gibt drei verschiedene Zahnsorten: Backenzähne, Eckzähne und Schneidezähne.
Die Schneidezähne benutzt du zum Abbeißen, die Eckzähne brauchst du um härtere Nahrung, wie zum Beispiel Fleisch, abzubeißen und die Backenzähne zermahlen das Essen. Wie viele Zähne haben Tiere? Und was machen sie damit?

zähne

Haselmaus

Die Haselmaus hat 20 Zähne — genau wie ein Kleinkind. Ihre Schneidezähne, die man auch Nagezähne nennt, sind aber viel stärker als deine Zähne und sie stehen etwas vor. Sogar Nüsse kann die Haselmaus mit ihnen knacken. Diese Zähne wachsen ihr leben lang nach!

Weinbergschnecke

Haben Weinbergschnecken Zähne? Ja, aber sie sitzen auf der Zunge. Es sind bis zu 40.000! Mit diesen winzigen Zähnchen kann die Weinbergschnecke kleine Stücke von Blättern, Obst, Gemüse und altem Holz abhobeln. Ihre Zunge arbeitet wie eine Reibe.

Ein einziger Biss einer Schlange kann tödlich sein! Zu den giftigsten Schlangen der Welt gehört die Königskobra. Sie besitzt zwei lange spitze Zähne. Wenn sie zubeißt, spritzt sie durch ihre hohlen Zähne Gift in den Körper des Beutetieres.

Schlange

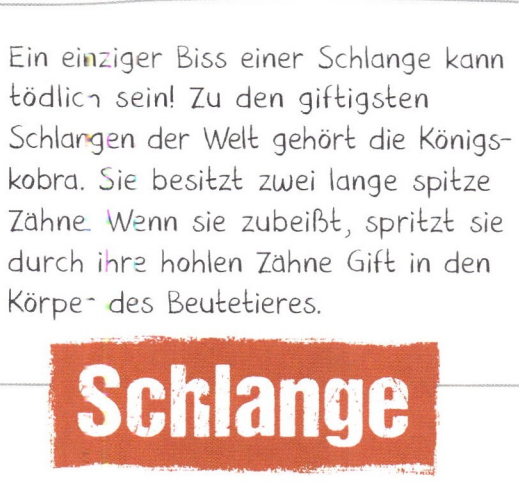

Hai

Wenn du die Zähne eines Hais zählen würdest, würde das sehr lange dauern. Er besitzt bis zu 3000 Zähne. Seine kleinen spitzen Zähne sind in mehreren Reihen angeordnet. Wenn er mal einen seiner spitzen Zähne verliert, ist das nicht schlimm, denn dann schiebt sich einfach einer der hinteren Zähne nach vorn.

Über einen Meter lang können die Eckzähne des Walrosses werden. Die Walrosszähne nennt man auch Hauer. Sie sind sehr nützlich, um sich gegen Eisbären zu verteidigen. Außerdem kann sich das Walross aus dem Wasser heraus auf eine Eisscholle ziehen, indem es sich mit den Stoßzähnen daran festhält.

Walross

Wie sehen deine Haare aus? Blond, Braun oder Rot? Lang oder kurz? Lockig oder glatt? Unsere Haare auf dem Kopf können sehr unterschiedlich aussehen. Sie wärmen uns und schützen uns vor der Sonne. Einige Männer haben auch einen Bart im Gesicht. Auf dem Körper haben Menschen nur wenige Haare. Viele Tiere besitzen aber ein Fell am ganzen Körper.

Haare

Löwe

Das Löwenmännchen hat wohl unter den Tieren die schönsten Haare. Um seinen Kopf herum befindet sich eine dichte braune Löwenmähne. Aber zum Friseur muss es trotzdem nicht! Seine prächtige Mähne beeindruckt nicht nur uns, sondern auch die Löwenweibchen. Es ist kein Wunder, dass man den Löwen auch „König der Tiere" nennt.

Zebra

Das Fell des Zebras ist schwarzweiß gestreift. Das Muster dient zur Tarnung. In der Steppe, wo die Zebras leben, ist es oft sehr warm und die Luft flimmert. In der flirrenden Luft kann man die Streifen der Tiere schlecht erkennen. Dies ist ein guter Schutz vor Löwen und anderen hungrigen Raubtieren!

Igel

Der Igel besitzt am Rücken ganz besondere Haare — Stacheln. Sie sind dick und spitz und er kann sie blitzschnell aufstellen. Wenn ein Feind, zum Beispiel ein Fuchs, dem Igel zu nah kommt, rollt sich dieser einfach zu einer stacheligen Kugel ein.

Nacktmull

Seinen Namen trägt der Nacktmull, da er am Körper fast keine Haare besitzt. Ohne Fell kann er sich sogar rückwärts durch einen engen Erdgang schieben. Nur an seiner Schnauze sitzen einige Schnurrhaare. Diese braucht er, um sich in der Dunkelheit unter der Erde zurechtzufinden.

Eisbär

Am Nordpol, wo der Eisbär lebt, ist es meist sehr kalt. Daher besitzt er ein dichtes Fell. Es schützt ihn vor Wind, Nässe und Kälte. Nach dem Schwimmen schüttelt der Eisbär sich einmal kräftig — dann ist sein Fell wieder trocken.

Dein Körper ist von oben bis unten mit Haut bedeckt. Die Haut schützt den Körper vor dem Austrocknen. Sie besteht aus drei unterschiedlichen Hautschichten. Die oberste Schicht ist bei manchen Menschen heller, bei anderen dunkler. Die Haut wächst mit und wenn du dich verletzt, bildet dein Körper ziemlich schnell neue Haut. Deine Hautfarbe kann sich verändern. Wenn du länger in der Sonne bist, kann sie braun oder rot werden. Die Haut von einigen Tieren ist viel außergewöhnlicher als deine.

Haut

Chamäleon

Grün, Gelb, Orange, Rot, Braun, Schwarz — Die Haut des Chamäleons kann zwischen vielen verschiedenen Farben wechseln. Die Hautfarbe ändert sich bei Wärme und Kälte, Licht und Dunkelheit. Auch wenn das Chamäleon einen Partner sucht oder von einem Feind bedroht wird, verwandelt sich sein Aussehen.

Karpfen

Der Karpfen besitzt Schuppen, die wie Dachziegel auf einem Haus angeordnet sind. Diese Schuppen schützen den Fisch vor Verletzungen. Über den Schuppen befindet sich noch eine Schleimschicht, mit der der Fisch schnell durchs Wasser gleiten kann.

Salamander

Wusstest du, dass ein Salamander über die Haut atmet? Seine Haut ist sehr dünn und feucht. Daher kann er aus der Luft Sauerstoff aufnehmen. Das auffällige gelbschwarze Muster soll andere Tiere warnen. In seiner Haut sitzen kleine Drüsen, die Gift abgeben können.

Solch ein Panzer ist ziemlich praktisch! Wenn es der Schildkröte zu heiß wird oder ein Feind naht, versteckt sie Kopf und Beine einfach unter ihrem dicken Hautpanzer. Der Panzer wächst mit, aber die übrige Haut der Schildkröte nicht. Regelmäßig löst sich die alte Haut und wird durch eine neue ersetzt.

Schildkröte

Zwei Arme hast du an deinem Körper. Deine Arme bestehen aus einem Oberarm, in dem viele Muskeln sitzen, einem Unterarm und dem Ellenbogengelenk. Wenn du deine Arme beugst und streckst, kannst du spüren, wie deine Muskeln arbeiten. Als du noch nicht gehen konntest, hast du deine Arme zum Krabbeln benutzt. Ähnlich bewegen sich auch viele Tiere vorwärts.

Arme

Krake

Die Krake hat insgesamt acht Arme. Sie kann jeden einzeln bewegen. Mit ihren langen Armen, an denen viele Saugnäpfe sitzen, bewegt sie sich auch auf dem Meeresboden vorwärts. Ihre Arme nennt man auch Fangarme. Wenn die Krake eine Beute im Wasser erspäht, packt sie diese geschickt mit ihren langen Armen.

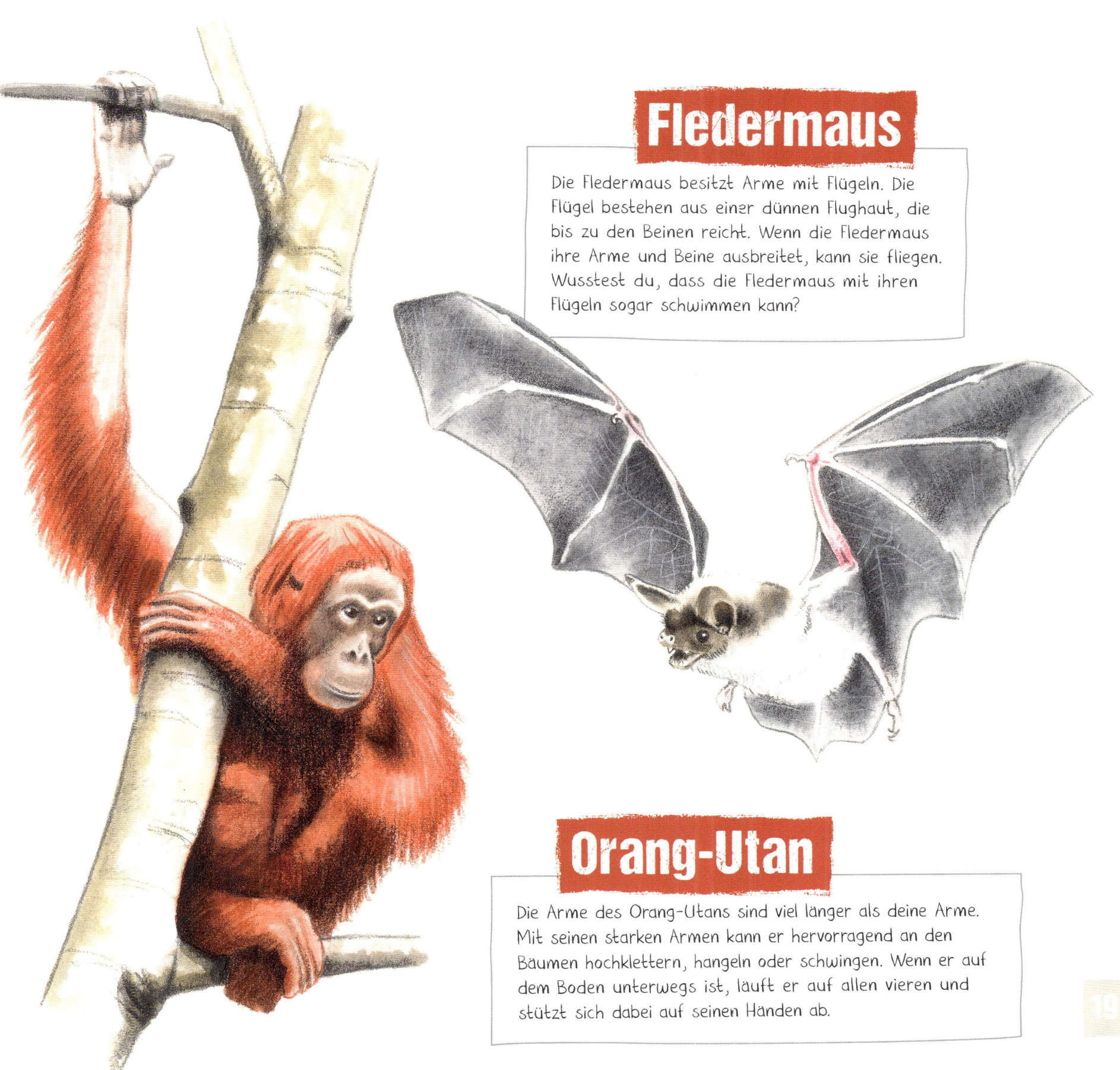

Fledermaus

Die Fledermaus besitzt Arme mit Flügeln. Die Flügel bestehen aus einer dünnen Flughaut, die bis zu den Beinen reicht. Wenn die Fledermaus ihre Arme und Beine ausbreitet, kann sie fliegen. Wusstest du, dass die Fledermaus mit ihren Flügeln sogar schwimmen kann?

Orang-Utan

Die Arme des Orang-Utans sind viel länger als deine Arme. Mit seinen starken Armen kann er hervorragend an den Bäumen hochklettern, hangeln oder schwingen. Wenn er auf dem Boden unterwegs ist, läuft er auf allen vieren und stützt sich dabei auf seinen Händen ab.

Etwas halten, klatschen, malen oder jemanden streicheln, das alles kannst du mit deinen Händen. An jeder deiner Hände besitzt du fünf Finger, die du einzeln bewegen kannst. Der Daumen ist der dickste und stärkste Finger. Mit den Fingerspitzen kannst du auch winzige Dinge greifen. Die harten Fingernägel schützen deine Finger vor Verletzungen und du kannst sie wie Werkzeuge benutzen, zum Beispiel um etwas abzukratzen oder aufzureißen. Affenhände sind unseren Händen sehr ähnlich, andere Tierhände sehen ganz anders aus.

Hände

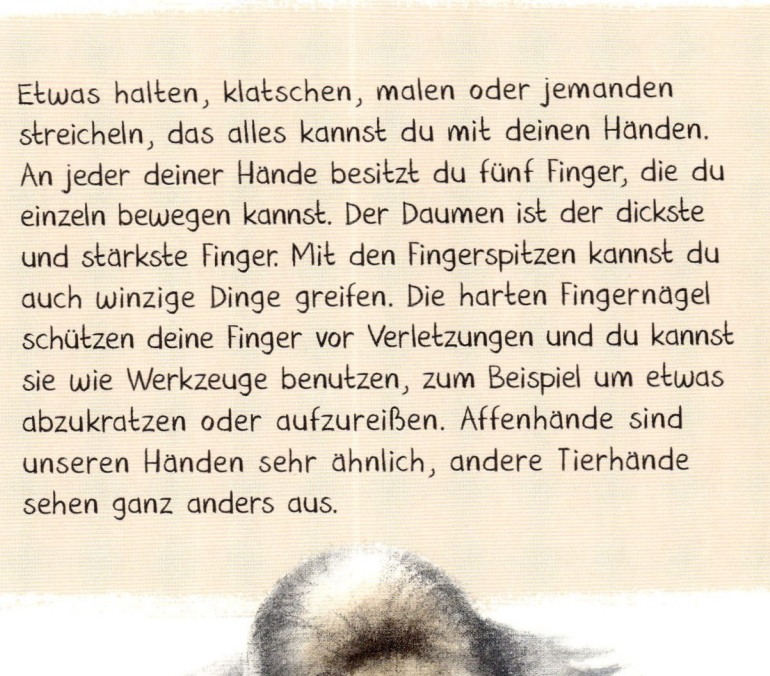

Seelöwe

Der Seelöwe besitzt keine Hände, sondern Flossen. Mit diesen kann das Tier hervorragend durch das Wasser gleiten. Auch an land benutzt der Seelöwe seine kräftigen Vorderflossen, um vorwärtszukommen. Er läuft dann einfach auf allen vieren.

Gorilla

Der Gorilla besitzt, genau wie du, jeweils fünf Finger. Die Finger sind ziemlich lang. Der Daumen ist etwas kürzer als bei deiner Hand. Mit diesen Händen kann er besonders gut klettern, aber auch Blätter abreißen, in der Erde nach Wurzeln graben, Bananen schälen und in der Nase bohren.

Dachs

Der Dachs besitzt zwei Grabehände mit fünf spitzen Krallen. Mit diesen Krallen kann er die Erde, wie mit einer Baggerschaufel, lockern und wegschieben und sich unter der Erde einen Bau mit verschiedenen Kammern anlegen. Seine Grabekrallen benutzt er auch, um in der Erde nach Futter, zum Beispiel nach Mäusenestern, zu buddeln.

Pandabär

Wenn man sich die Pfote eines Pandabären genauer anschaut, sieht es so aus, als wenn dieser zwei Daumen hätte. Der zusätzliche Knochen an der Hand ist für den Bären sehr hilfreich. Er benutzt ihn zum Halten und Schälen von Bambusästen — seiner Leibspeise.

Bestimmt hast du dir deinen Bauch schon einmal genauer angesehen. In der Mitte deines Bauches sitzt dein Bauchnabel. Als du noch im Bauch deiner Mama lagst, warst du durch die Nabelschnur mit ihr verbunden. Die Nabelschnur hat dich mit Nahrung versorgt. Haben Tiere auch einen Bauchnabel?

i Bauch

Hängebauchschwein

Das Hängebauchschwein hat seinen Namen bekommen, weil sein Bauch fast bis auf den Boden hängt. Das liegt an den kurzen Beinen. Weibliche Schweine haben an ihrem Bauch _ Zitzen, damit alle ihre Jungen gleichzeitig Milch trinken können.

Huhn

Auch Hühner haben keinen Bauch-nabel, denn sie wachsen im Ei heran. Damit sich in einem Ei ein Küken entwickeln kann, muss ein Hahn eine Henne befruchten. Die befruchteten Eier legt die Henne in ein Nest und setzt sich dann 21 Tage mit ihrem warmen Bauch darauf, um sie auszubrüten.

Kaninchen

Kaninchen und alle anderen Tiere, die im Bauch ihrer Mutter gewachsen sind, haben einen Bauchnabel. Er ist nicht so gut zu erkennen wie bei dir, da er unter dem Fell versteckt ist. Außerdem liegen Kaninchen gerne auf ihrem Bauch. Im Bauch eines Kaninchenweibchens entwickeln sich meist 4-5 Junge auf einmal.

Känguru

Am Bauch des Kängurus befindet sich vorne eine Tasche. In dieser Tasche sitzt das kleine Känguru. Dort wird es durch eine Zitze mit Muttermilch versorgt. Das kleine Kängurubaby wächst im Beutel heran, bis es schließlich groß genug ist, allein zu überleben. Daher hat es auch keinen Bauchnabel!

23

Popo, Gesäß, Hintern, Vier Buchstaben: Für dieses Körperteil gibt es viele verschiedene Wörter. Dein Popo besteht aus zwei Pobacken. Die sind gut gepolstert, so dass du auch stundenlang auf deinem Hinterteil sitzen kannst. Im Gegensatz zu vielen Tieren, sieht unser Hinterteil fast schon langweilig aus. Denn im Tierreich gibt es Popos mit langen Schwänzen, spitzen Stacheln oder Zangen und manche Hinterteile leuchten schon von Weitem.

Popo

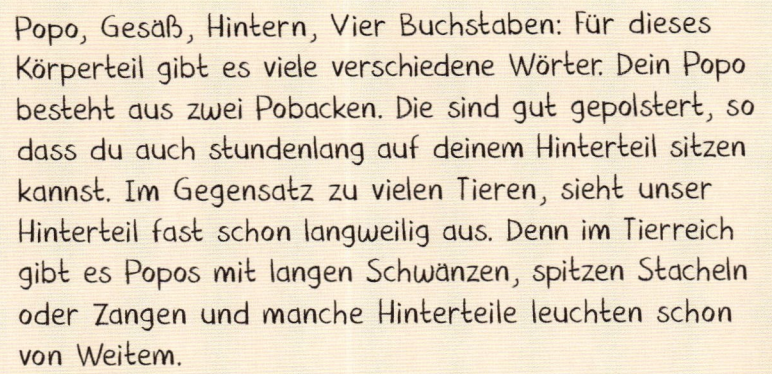

Ohrenkneifer

Mit seinen beiden hinteren Zangen sieht der Ohrenkneifer ganz schön gefährlich aus. Manche Menschen behaupten, dass der Käfer in Ohren kneift. Das stimmt aber zum Glück nicht! Seine Zangen benutzt er vor allem, um kleine Insekten, wie zum Beispiel Blattläuse, zu jagen.

Wespe

Piks! Wenn die Wespe sich bedroht fühlt, sticht sie mit ihrem Stachel am Hintern zu. Ein Wespenstich tut ziemlich weh, weil das Insekt durch den Stachel auch noch Gift in die Haut spritzt. Wespen können übrigens mehrmals in ihrem Leben stechen, da sie ihren Stachel wieder herausziehen können.

Eichhörnchen

Der lange buschige Schwanz des Eichhörnchens ragt meist nach oben und hilft ihm beim Klettern das Gleichgewicht zu halten. Beim Springen benutzt das Eichhörnchen seinen Schwanz als Steuer. So landet es sogar sicher auf einem anderen Baum, der 4 Meter weit entfernt ist.

Pavian

Warum ist der Popo des Pavians so dick und rot? Der gut durchblutete Hintern ist wie ein gemütliches Sitzkissen für den Affen und wärmt ihn, wenn er auf einem kalten und nassen Stein sitzt. Häufig sind die Hinterteile der Weibchen besonders rot. Die leuchtend rote Farbe zeigt den Männchen an, dass das Weibchen bereit zur Paarung ist.

Du besitzt zwei Beine. Deine beiden Beine bestehen aus einem Unterschenkel und einem Oberschenkel. In der Mitte befindet sich eine Kniescheibe. Deine Beine sind sehr beweglich. Du kannst mit ihnen stehen, laufen, hüpfen, klettern und treten. Viele Tiere besitzen mehr als zwei Beine.

Beine

Nilpferd

Das Nilpferd hat vier Beine. Weil es so schwer ist, sind diese kurz und kräftig. An Land stampft es mit den Beinen vorwärts. Im Wasser läuft das Nilpferd mit seinen Beinen auf dem Grund entlang, denn zum Schwimmen ist sein Körper zu schwer.

Strauß

Der Strauß ist das schnellste Tier mit zwei Beinen. Er kann viel schneller laufen als ein Mensch. Seine Beine können 1,40 Meter lang werden. Bei Gefahr rennt der Laufvogel meist davon. Er kann aber auch kräftig zutreten. Wusstest du, dass der Tritt eines Straußes sogar einen Löwen töten kann?

Tausendfüßer

Welches Tier hat die meisten Beine? Der Tausendfüßer. In Wirklichkeit hat das krabbelnde Bodentier keine tausend Beine, aber es können mehrere hundert sein. Mit seinen Beinen kann der Tausendfüßer rückwärts und vorwärts laufen.

Heuschrecke

Die Heuschrecke hat sechs Beine, so wie alle Insekten. Das kleine grüne Tier kann gut an Pflanzen hochklettern. Die beiden hintersten Beine sind länger und kräftiger als die anderen Mit diesen Beinen kann die Heuschrecke bis zu einem Meter weit springen.

Kreuzspinne

Eine Kreuzspinne besitzt acht Beine. Ihre Beine sind sehr gelenkig. Wie eine Seiltänzerin kann sie sich auf einem dünnen Faden bewegen. Die Kreuzspinne fängt ihre Beute mit einem Radnetz. Für den Bau sind die vielen Beine sehr hilfreich. Sie kann sich gleichzeitig festhalten und den Spinnfaden führen.

Ganz unten an deinem Körper befinden sich deine beiden Füße. Auf den Füßen stehst du und du benötigst sie zum Laufen. An jedem Fuß gibt es fünf Zehen, einer der Zehen ist besonders groß. Die Zehen helfen dir dabei das Gleichgewicht zu halten. Gehst du gerne barfuß? Deine Fußsohlen sind so empfindlich, dass du direkt spüren kannst, auf welchem Untergrund du gerade läufst. Um unsere empfindlichen Füße zu schützen, tragen wir meist Schuhe. Bei den Tieren nennt man die Füße Krallen, Tatzen oder Hufe.

Füße

Luchs

Der Luchs besitzt große behaarte Füße. Das Fell an den Füßen wärmt den Luchs bei Kälte. Außerdem sorgt es dafür, dass er auch bei Schnee nicht einsinkt. Beim Laufen zieht der Luchs seine Krallen ein, damit sie sich nicht abnutzen. Er Luchs kann sich mit seinen Tatzen fast lautlos an seine Beute anschleichen.

Adler

Der Adler hat vier Zehen am Fuß, so wie die meisten anderen Vögel auch. Drei Zehen zeigen nach vorne, eine wächst nach hinten. Vorne an den Zehen befinden sich spitze Krallen. Mit solch einem Fuß kann er sich gut an Ästen oder auch auf einem glatten Fels festhalten und nach Beute Ausschau halten. Hat der Adler eine Beute erspäht, zum Beispiel eine Maus, packt er sie mit seinen scharfen Krallen.

Pferd

Wusstest du, dass ein Pferd immer auf Zehenspitzen läuft? Es besitzt an jedem Fuß nur eine Zehe, die von einer dicken Hornschicht bedeckt ist. Die Füße des Pferdes nennt man auch Hufe. Reitpferde haben oft Hufeisen unter ihren Füßen. Das runde Eisen schützt den Fuß des Pferdes wie ein Schuh.

Ente

Entenfüße haben Ähnlichkeit mit Paddeln. Zwischen den drei Zehen befinden sich Schwimmhäute. Mit solchen Füßen kommt man im Wasser gut voran. Wenn die Ente an Land unterwegs ist, sieht das lustig aus, denn mit ihren platten Füßen kann sie nur watscheln.

Eidechse

Die Eidechse hat, genau wie du, fünf Zehen an ihren Füßen. Die Zehen sind weit auseinandergespreizt. So kann das kleine Tier sich beim Klettern gut festhalten. Es kommt sogar an glatten Felswänden hoch, da sich unter seinen Füßen viele kleine Haare befinden. Sie verhindern, dass das Tier abrutscht.

© 2017, Franckh-Kosmos Verlags-GmbH & Co. KG, Stuttgart
Alle Rechte vorbehalten

ISBN 978-3-440-15589-9
Redaktion: Ruth Prenting. Text: Svenja Ernsten. Illustrationen: Tobias Pahlke
Umschlag, Gestaltung und Satz: ancutici kommunikationsdesign, Stuttgart,
unter Verwendung von zwei Icons von M. Robert/Shutterstock
Produktion: Verena Schmynec. Druck und Bindung: Gugler GmbH, Melk
Printed in Austria / Imprimé en Autriche

Weniger schlecht ist uns nicht gut genug!

Sie halten ein rundum sauberes Buch in Ihren Händen, das nach dem zertifizierten Cradle to Cradle-Prinzip gedruckt wurde. Bei diesem Verfahren werden keine Rohstoffe verbraucht sondern lediglich gebraucht – es gibt keinen Abfall, alles fließt rückstandsfrei in den biologischen Kreislauf zurück.

Wir haben umweltfreundliches Papier aus nachhaltiger Forstwirtschaft ausgewählt und drucken mit Pflanzenölfarben, die garantiert frei von Bisphenol A, VOC, CMR und Mineralölen sind. Ein einmaliges Herstellungsverfahren in Österreich ermöglicht einen klimapositiven Druck.

Das Buch hinterlässt keinen giftigen Abfall, ist für die Gesundheit unbedenklich und nicht allergieauslösend. Zum Wohle des Wichtigsten, was wir haben: Der Natur und unserer Kinder!

Weitere Informationen zum Cradle to Cradle-Herstellungsverfahren und zur Nachhaltigkeit bei KOSMOS finden Sie auf www.kosmos.de/natur-von-anfang-an

Dieses Papier stammt aus nachhaltig bewirtschafteten Wäldern und kontrollierten Quellen. www.pefc.at

Gedruckt nach der Richtlinie „Druckerzeugnisse" des Österreichischer Umweltzeichens. gugler*print, Melk, UWZ-Nr. 609, www.gugler.at

Höchster Standard für Ökoeffektivität. Cradle to Cradle ™ zertifizierte Druckprodukte innovated by gugler, ausgenommen Bindung & Folienkaschierung